Impressum
Verlag: BABADADA GmbH, Nedderfeld 112 , 22529 Hamburg
Geschäftsführer / Verlagsleitung: Harald Hof
Druck: Books on Demand GmbH, In de Tarpen 42, 22848 Norderstedt

Imprint
Publisher: BABADADA GmbH, Nedderfeld 112 , 22529 Hamburg, Germany
Managing Director / Publishing direction: Harald Hof
Print: Books on Demand GmbH, In de Tarpen 42, 22848 Norderstedt

בית ספר

school

כיתה
classroom
חילק
divide
186/2
לוח
board
מורה
teacher
נייר
paper
כתב
write
עט
pen
שולחן עבודה
desk
סרגל
ruler
ספר
book
תלמיד
pupil

ילקוט

satchel

קלמר

pencil case

עיפרון

pencil

מחדד

pencil sharpener

גומי מחיקה

rubber

חוברת סרטוט

drawing pad

סרטוט

drawing

מברשת

paintbrush

קופסת צבעים

paint box

מספריים

scissors

דבק

glue

ספר תרגול

exercise book

שיעור בית

homework

12

מספר

number

2+2

חיבר

add

5-2

חיסר

subtract

2×2

הכפיל

multiply

חישב

calculate

A

אות

letter

ABCDEFG
HIJKLMN
OPQRSTU
VWXYZ

אלפבית

alphabet

hello

מילה

word

טקסט
text

קרא
read

גיר
chalk

שיעור
lesson

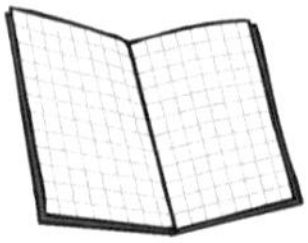

יומן נוכחות
register

מבחן
examination

תעודה
certificate

תלבושת בית ספר
school uniform

חינוך
education

אנציקלופדיה
encyclopedia

אוניברסיטה
university

מיקרוסקופ
microscope

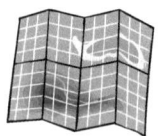

מפה
map

סל נייר
waste-paper basket

נסיעה
travel

מלון
hotel
הוסטל
hostel
EXCHANGE
המרת מטבע
currency exchange office
מזוודה
suitcase
אוטו
car

שפה

language

כן / לא

yes / no

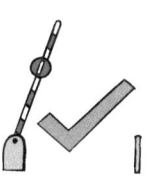

בסדר

Okay

שלום

hello

מתרגם

translator

תודה

Thank you

כמה עולה.....?

how much is…?

אני לא מבין

I don´t get it

בעיה

problem

ערב טוב!

Good evening!

בוקר טוב!

Good morning!

לילה טוב!

Good night!

להתראות

goodbye

כיוון

direction

כבודה

luggage

תיק

bag

תרמיל גב

backpack

אורח

guest

חדר

room

שק שינה

sleeping bag

אוהל

tent

מרכז מידע לתיירים

tourist information

חוף ים

beach

כרטיס אשראי

credit card

ארוחת בוקר

breakfast

ארוחת צהריים

lunch

ארוחת ערב

dinner

כרטיס

Ticket

מעלית

elevator

בול

stamp

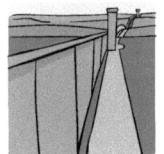

גבול

border

מכס

customs

שגרירות

embassy

אשרה

visa

דרכון

passport

תחבורה
transport

מטוס
airplane
אונייה
ship
כבאית
fire truck
אוטובוס
bus
משאית
truck
סירת מנוע
motorboat
אופניים
bike
אוטו
car

מעבורת

ferry

סירה

boat

אופנוע

motorbike

ניידת משטרה

police car

מכונית מרוץ

racing car

רכב שכור

rental car

מכוניות בשיתוף

car sharing

אוטו גרר

tow truck

משאית זבל

garbage truck

מנוע

engine

דלק

fuel

תחנת דלק

fuel station

תמרור

traffic sign

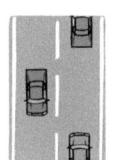

תנועה

traffic

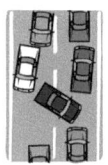

פקק תנועה

traffic jam

חניה

parking lot

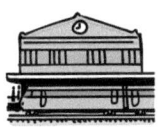

תחנת רכבת

train station

פסי רכבת

tracks

רכבת

train

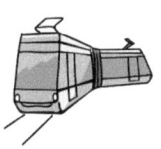

רכבת קלה

tram

קרון

wagon

מסוק

helicopter

שדה-תעופה

airport

מגדל

tower

נוסע

passenger

קונטיינר

container

קרטון

carton

עגלה

cart

סל

basket

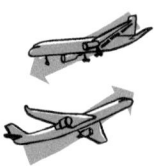

המראה / נחיתה

take off / land

עיר

city

כפר

village

מרכז העיר

city center

בית

house

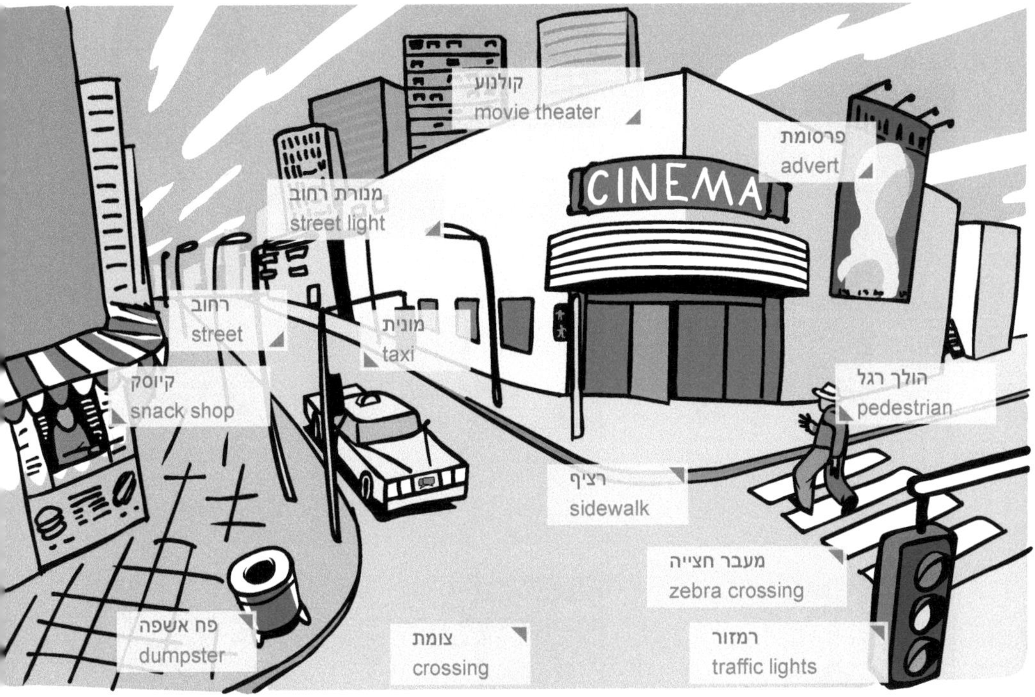

קולנוע
movie theater
פרסומת
advert
מנורת רחוב
street light
רחוב
street
מונית
taxi
קיוסק
snack shop
הולך רגל
pedestrian
רציף
sidewalk
מעבר חצייה
zebra crossing
פח אשפה
dumpster
צומת
crossing
רמזור
traffic lights

בקתה
....
hut

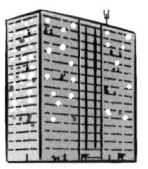

דירה
....
apartment

תחנת רכבת
....
train station

עירייה
....
city hall

מוזיאון
....
museum

בית ספר
....
school

אוניברסיטה
university

בנק
bank

בית חולים
hospital

מלון
hotel

בית מרקחת
pharmacy

משרד
office

חנות ספרים
book shop

חנות
shop

חנות פרחים
flower shop

סופרמרקט
supermarket

שוק
market

כל-בו
department store

מוכר דגים
fishmonger's shop

קניון
mall

נמל
harbor

עיר - city

פארק

park

ספסל

bench

גשר

bridge

מדרגות

stairs

רכבת תחתית

subway

מנהרה

tunnel

תחנת אוטובוס

bus stop

בר

bar

מסעדה

restaurant

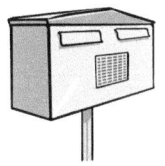

תא דואר

postbox

שלט רחוב

street sign

מדחן

parking meter

גן חיות

zoo

בריכת שחיה

swimming pool

מסגד

mosque

חווה

farm

זיהום

pollution

בית עלמין

cemetery

כנסייה

church

מגרש משחקים

playground

בית מקדש

temple

נוף

landscape

עלה
leaf

תמרור
signpost

דרך
path

מרעה
meadow

אבן
stone

מטייל
hiker

עץ
tree

נהר
river

דשא
grass

פרח
flower

בקעה

valley

הר

hill

אגם

lake

יער

forest

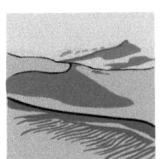

מדבר

desert

הר געש

volcano

טירה

castle

קשת בענן

rainbow

פטריה

mushroom

דקל

palm tree

יתוש

mosquito

זבוב

fly

נמלה

ant

דבורה

bee

עכביש

spider

חיפושית

beetle

צפרדע

frog

סנאי

squirrel

קיפוד

hedgehog

ארנב

hare

ינשוף

owl

ציפור

bird

ברבור

swan

חזיר בר

boar

צבי

deer

אייל הקורא

moose

סכר

dam

טורבינת רוח

wind turbine

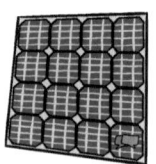

פנל סולארי

solar panel

אקלים

climate

מסעדה
restaurant

מלצר
waiter
תפריט
menu
כסא
chair
מרק
soup
פיצה
pizza
סכו"ם
cutlery
מפת שולחן
tablecloth

מנת פתיחה

starter

מנה עיקרית

main course

קינוח

dessert

שתיות

drinks

אוכל

food

בקבוק

bottle

מזון מהיר

fast food

אוכל רחוב

street food

קנקן תה

teapot

מסכרת

sugar bowl

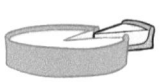

מנה

portion

מכונת אספרסו

espresso machine

כסא תינוק

high chair

חשבון

bill

מגש

tray

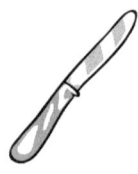

סכין

knife

מזלג

fork

כף

spoon

כפית

teaspoon

מפית

serviette

כוס

glass

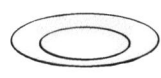

צלחת

plate

קערת מרק

soup plate

תחתית

saucer

רוטב

sauce

מלחייה

salt shaker

מטחנת פלפל

pepper mill

חומץ

vinegar

שמן

oil

תבלינים

spices

קטשופ

ketchup

חרדל

mustard

מיונז

mayonnaise

סופרמרקט
supermarket

מבצע
special offer
לקוח
customer
מוצרי חלב
dairy products
פירות
fruit
עגלת קניות
shopping cart

אטליז

butcher's shop

מאפייה

bakery

שקל

weigh

ירקות

vegetables

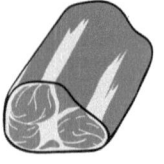

בשר

meat

מזון קפוא

frozen food

בשר קר

cold cuts

שימורים

canned food

אבקת כביסה

detergent

ממתקים

candy

מוצרי בית

household products

חומר ניקוי

cleaning products

מוכרת

sales representative

קופה

cash register

קופאי

cashier

רשימת קניות

shopping list

שעות פתיחה

opening hours

ארנק

wallet

כרטיס אשראי

credit card

תיק

bag

שקית נילון

plastic bag

שתיות
drinks

מים

water

מיץ

juice

חלב

milk

קולה

coke

יין

wine

בירה

beer

אלכוהול

alcohol

קקאו

cocoa

תה

tea

קפה

coffee

אספרסו

espresso

קפוצ'ינו

cappuccino

אוכל
food

בננה

banana

תפוח

apple

תפוז

orange

אבטיח

melon

לימון

lemon

גזר

carrot

שום

garlic

במבוק

bamboo

בצל

onion

פטריות

mushroom

אגוזים

nuts

אטריות

noodles

ספגטי

spaghetti

אורז

rice

סלט

salad

צ'יפס

fries

צ'יפס

fried potatoes

פיצה

pizza

המבורגר

hamburger

כריך

sandwich

שניצל

escalope

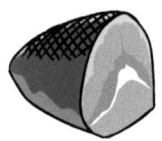

שינקין

ham

סלאמי

salami

נקניקיה

sausage

עוף

chicken

טיגון

roast

דג

fish

שיבולת שועל

porridge oats

מוזלי

muesli

קורנפלקס

cornflakes

קמח

flour

קרואסון

croissant

לחמנייה

bread roll

לחם

bread

טוסט

toast

עוגיות

cookies

חמאה

butter

גבינה לבנה

curd

עוגה

cake

ביצה

egg

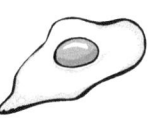

ביצת עין

fried egg

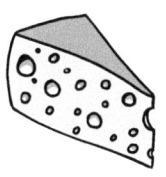

גבינה

cheese

גלידה

ice cream

סוכר

sugar

דבש

honey

ריבה

jelly

ממרח נוגט

nougat cream

קארי

curry

חווה

farm

חבילת שחת
straw bale
אסם
barn
שדה
field
סוס
horse
עגלת נגרר
trailer
סייח
foal
טרקטור
tractor
חמור
donkey
כבש
sheep
טלה
lamb

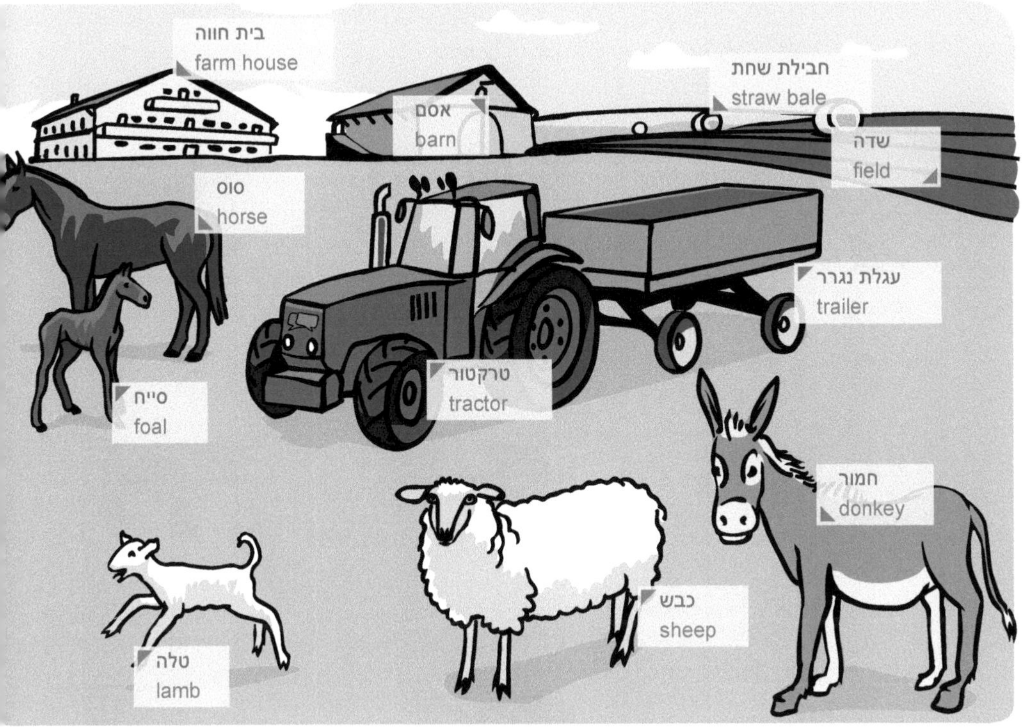

עז

goat

פרה

cow

עגל

calf

חזיר

pig

חזרזיר

piglet

שור

bull

אווז

goose

ברווז

duck

אפרוח

chick

תרנגולת

hen

תרנגול

cockerel

חולדה

rat

חתול

cat

עכבר

mouse

שור

ox

כלב

dog

מלונה

dog house

צינור השקיה

garden hose

קנקן מים

watering can

חרמש

scythe

מחרשה

plow

מגל

sickle

מגרפה

hoe

קלשון

pitchfork

גרזן

axe

מריצה

pushcart

שוקת

trough

כד חלב

milk can

שק

sack

גדר

fence

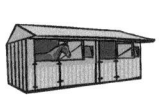

אורווה

stable

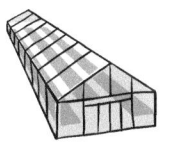

חממה

greenhouse

אדמה

soil

זרע

seed

דשן

fertilizer

מקצרה

combine harvester

קצר

harvest

קציר

harvest

בטטה אפריקנית

yams

חיטה

wheat

סויה

soya

תפוח אדמה

potato

תירס

corn

קנולה

rapeseed

עץ פירות

fruit tree

קסבה

manioc

דגנים

grain

בית
house

ארובה
chimney
גג
roof
מרזב
downspout
חלון
window
מוסך
garage
פעמון
doorbell
דלת
door
פח אשפה
trash can
תיבת מכתבים
mailbox
גינה
garden

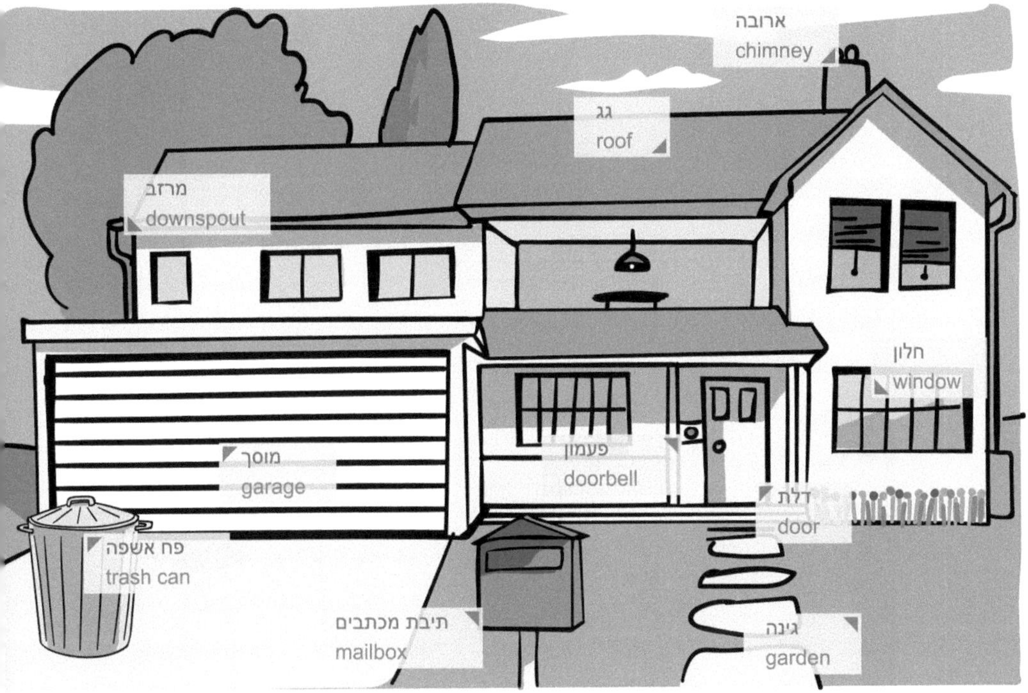

סלון
....
living room

חדר אמבטיה
....
bathroom

מטבח
....
kitchen

חדר שינה
....
bedroom

חדר ילדים
....
kids room

חדר אוכל
....
dining room

רצפה floor	קיר wall	תקרה ceiling
מרתף cellar	סאונה sauna	מרפסת balcony
מרפסת terrace	בריכה pool	מכסחת דשא lawn mower
סדין sheet	כיסוי מיטה bedspread	מיטה bed
מטאטא broom	דלי bucket	מפסק switch

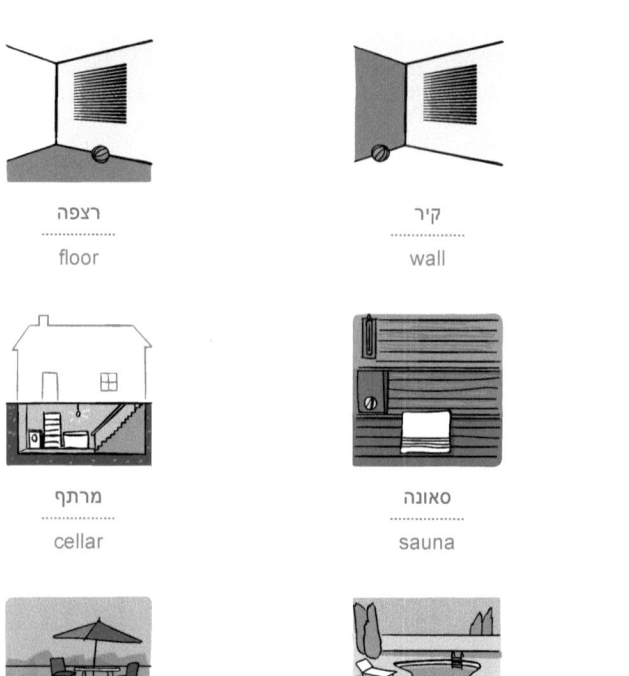
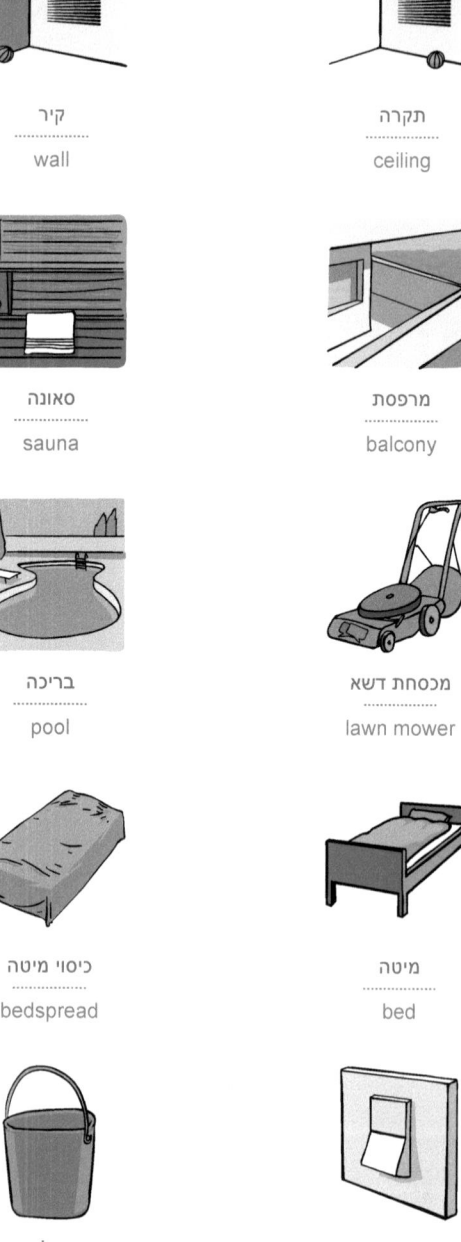

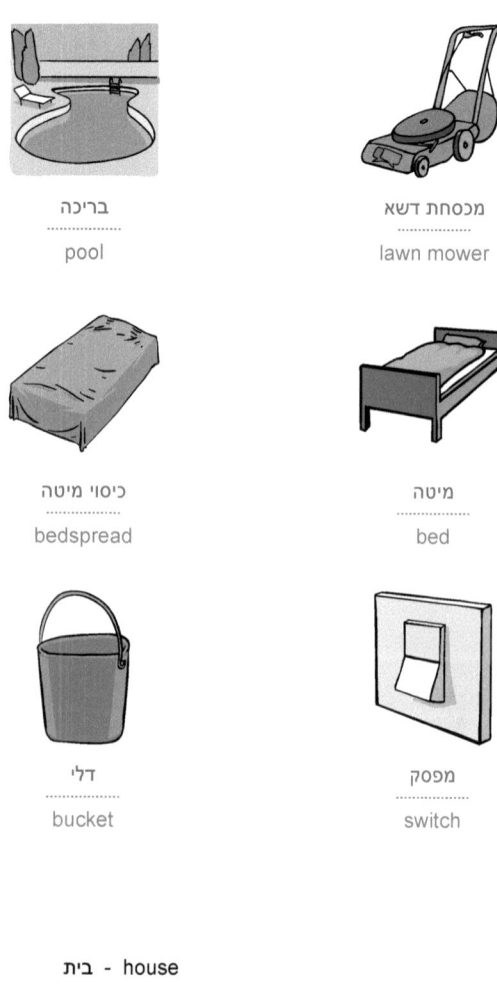

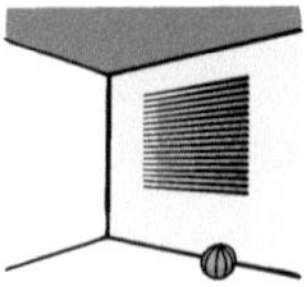

סלון
living room

טפט
wallpaper
תמונה
picture
מנורה
lamp
מדף
shelf
ארון
cabinet
טלוויזיה
television
אח
fireplace
פרח
flower
כרית
cushion
ספה
sofa
אגרטל
vase
שלט רחוק
remote control

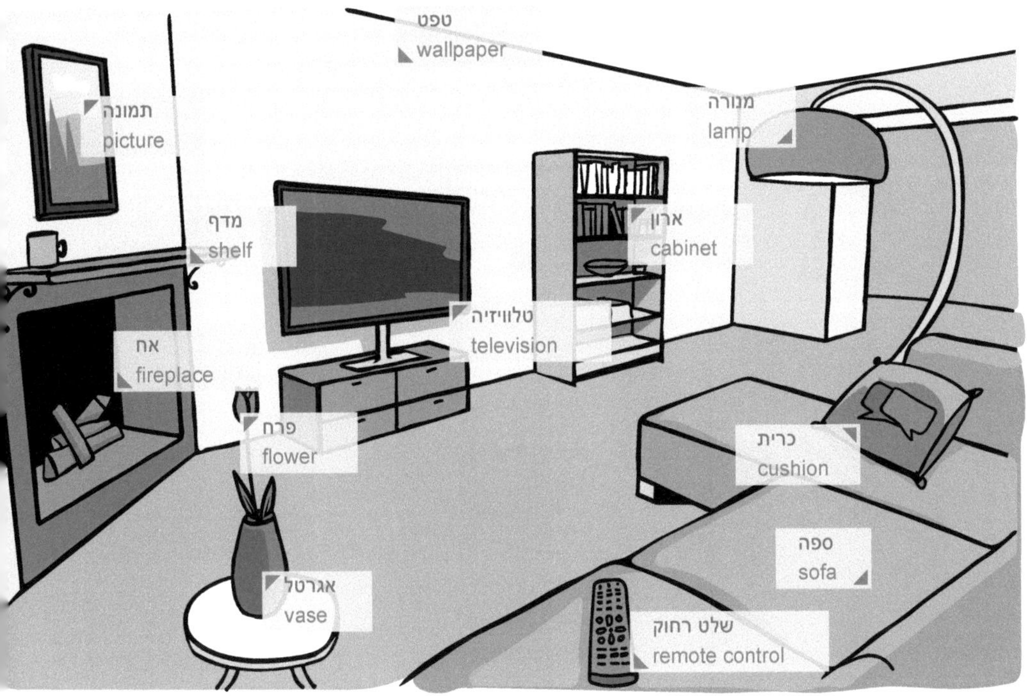

שטיח
....
carpet

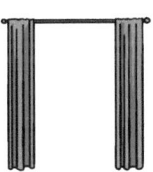

וילון
....
drape

שולחן
....
table

כסא
....
chair

כיסא נדנדה
....
rocking chair

כורסה
....
armchair

ספר

book

שמיכה

blanket

דקורציה

decoration

עצי הסקה

firewood

סרט

film

מערכת סטריאו

stereo system

מפתח

key

עיתון

newspaper

ציור

painting

פוסטר

poster

רדיו

radio

מחברת

notebook

שואב אבק

vacuum cleaner

קקטוס

cactus

נר

candle

מטבח
kitchen

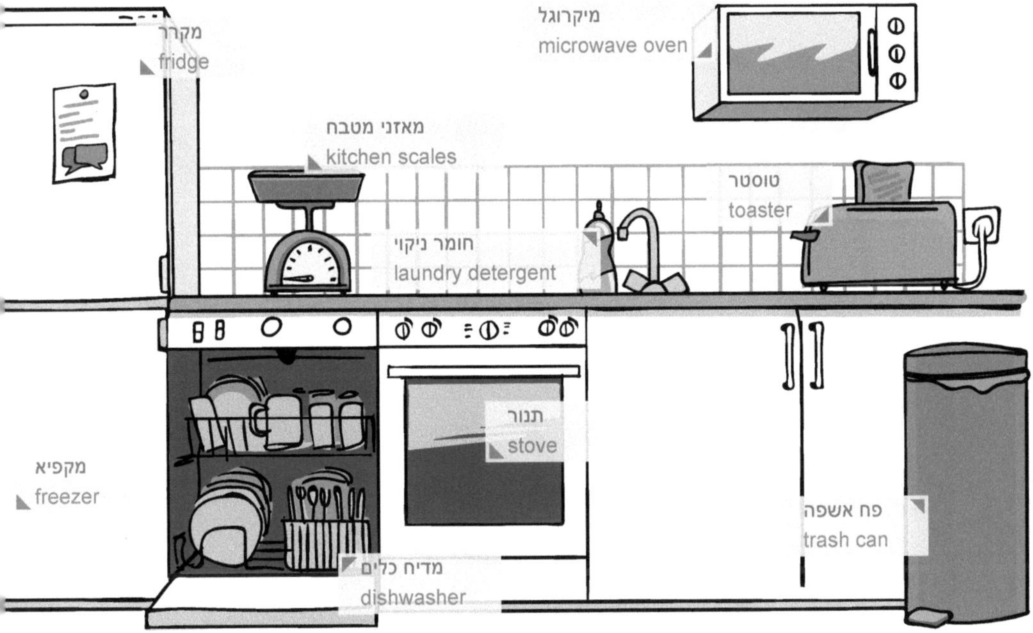

מקרר
fridge
מיקרוגל
microwave oven
מאזני מטבח
kitchen scales
טוסטר
toaster
חומר ניקוי
laundry detergent
תנור
stove
מקפיא
freezer
פח אשפה
trash can
מדיח כלים
dishwasher

תנור
cooker

סיר
pot

סיר ברזל
cast-iron pot

ווק
wok / kadai

מחבת
pan

קומקום חשמלי
kettle

מטבח - kitchen 35

מאדה

steamer

מגש אפייה

baking tray

כלי אוכל

crockery

ספל

mug

קערה

bowl

צ'ופסטיקס

chopsticks

מצקת

ladle

מרית

spatula

מטרפה

whisk

מסננת בישול

strainer

מסננת

sieve

מגרדת

grater

מכתש

mortar

גריל

barbecue

מדורה

fireplace

קרש חיתוך

chopping board

מערוך

rolling pin

פותחן פקקים

corkscrew

פחית

can

פותחן קופסאות

can opener

מטלית

oven cloth

כיור

sink

מברשת

brush

ספוג

sponge

בלנדר

blender

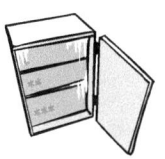

מקפיא

deep freezer

בקבוק לתינוק

baby bottle

ברז

tap

חדר אמבטיה
bathroom

מקלחת
shower
חימום
heating
מגבת
towel
וילון מקלחת
shower curtain
אמבטיית קצף
bubble bath
אמבטיה
bathtub
כוס
glass
מכונת כביסה
washing machine
ברז
tap
אריחים
tiles
סיר לילה
potty
כיור
sink

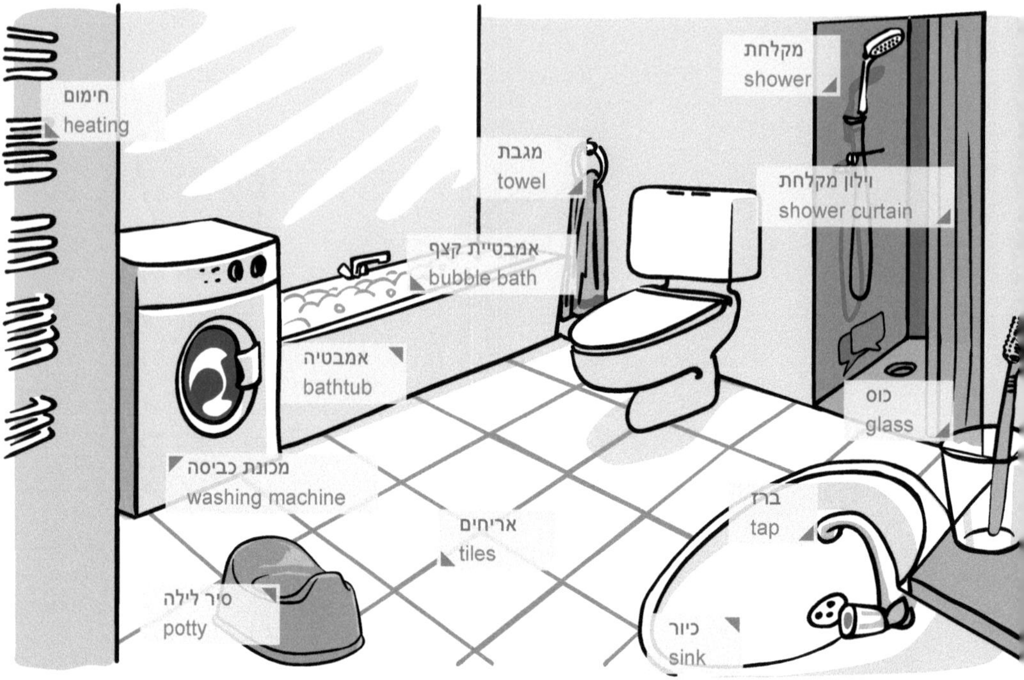

אסלה

toilet

אסלת כריעה

squat toilet

בידה

bidet

משתנה

urinal

נייר טואלט

toilet paper

מברשת אסלה

toilet brush

מברשת שיניים

toothbrush

משחת שיניים

toothpaste

חוט דנטלי

dental floss

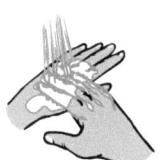

שטף

wash

מקלחת יד

hand shower

צינור שטיפה לשירותים

douche

קערת רחצה

basin

מברשת גב

back brush

סבון

soap

ג'ל רחצה

shower gel

שמפו

shampoo

ליפה

flannel

ניקוז

drain

קרם

creme

דיאודורנט

deodorant

מראה

mirror

מראת יד

hand mirror

סכין גילוח

razor

קצף גילוח

shaving foam

אפטרשייב

aftershave

מסרק

comb

מברשת

brush

מייבש שיעור

hair-dryer

ספריי לשיער

hairspray

איפור

makeup

שפתון

lipstick

לק

nail varnish

צמר גפן

cotton wool

מספריים לציפורניים

nail scissors

בושם

perfume

תיק כלי רחצה

washbag

שרפרף

stool

משקל

weighing scales

חלוק רחצה

bathrobe

כפפות גומי

rubber gloves

טמפון

tampon

תחבושת סניטרית

sanitary towel

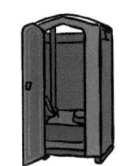

שירותים כימיקליים

chemical toilet

חדר ילדים
kids room

שעון מעורר
alarm clock
צעצוע חיבוק
cuddly toy
מכונית צעצוע
toy car
רעשן
rattle
בית בובות
doll's house
מתנה
present

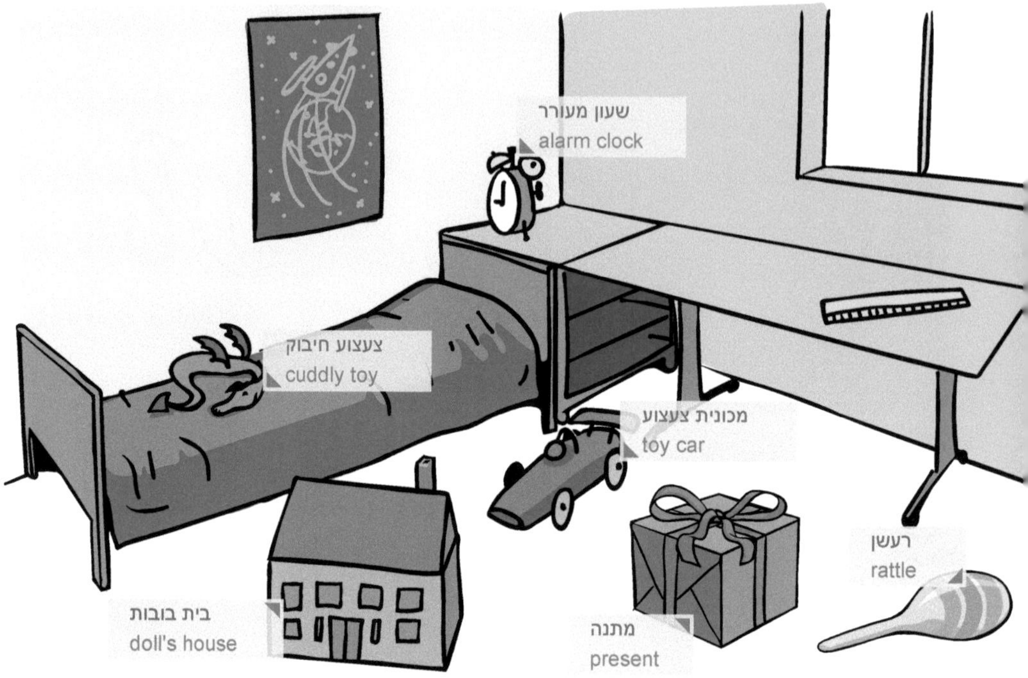

בלון
balloon

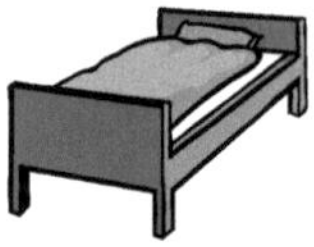

מיטה
bed

עגלה
stroller

משחק קלפים
deck of cards

פאזל
jigsaw

קומיקס
comic

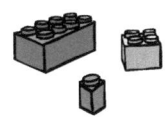

לגו

lego bricks

קוביות משחק

toy blocks

דמות משחק

action figure

סרבל תינוקות

romper suit

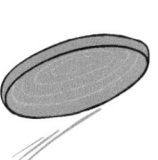

פריזבי

frisbee

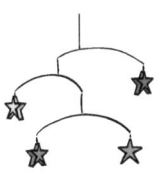

נייד

mobile

משחק לוח

board game

קוביה

dice

רכבת צעצוע

model train set

מוצץ

pacifier

מסיבה

party

אלבום תמונות

picture book

כדור

ball

בובה

doll

שיחק

play

ארגז חול

sandpit

נדנדה

swing

צעצועים

toys

קונסולת משחקים

video game console

אופניים תלת גלגלי

tricycle

דובון

teddy bear

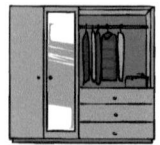

ארון בגדים

wardrobe

בגדים

clothing

גרביים

socks

גרביונים

stockings

גרביון

tights

צעיף
scarf

חגורה
belt

מטריה
umbrella

חולצת טי
t-shirt

מגפיים
boots

נעלי בית
slippers

נעלי ספורט
sneakers

סנדלים
....
sandals

נעליים
....
shoes

מגפי גומי
....
rubber boots

תחתונים
....
underwear

חזייה
....
bra

וסט
....
undershirt

גוף

body

מכנסיים

pants

ג'ינס

jeans

חצאית

skirt

חולצה מכופתרת

blouse

חולצה

shirt

אפודה

pullover

סווצ'ר עם קפוצ'ון

sweater

בלייזר

blazer

ז'קט

jacket

מעיל

coat

מעיל גשם

raincoat

תלבושת

costume

שמלה

dress

שמלת כלה

wedding dress

חליפה
suit

כותונת לילה
nightgown

פיג'מה
pajamas

סארי
sari

מטפחת ראש
headscarf

טורבן
turban

בורקה
burka

קאפטן
kaftan

עבאיה
abaya

בגד ים
swimsuit

בגד ים
trunks

מכנסיים קצרים
shorts

בגד אימון
tracksuit

סינר
apron

כפפות
gloves

כפתור

button

משקפיים

glasses

צמיד יד

bracelet

שרשרת

necklace

טבעת

ring

עגיל

earring

כובע

cap

קולב

coat hanger

כובע

hat

עניבה

tie

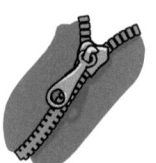

רוכסן

zip

קסדה

helmet

כתפיות

braces

תלבושת בית ספר

school uniform

מדים

uniform

מפית אוכל
....
bib

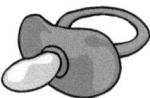

מוצץ
....
pacifier

חיתול
....
diaper

משרד
office

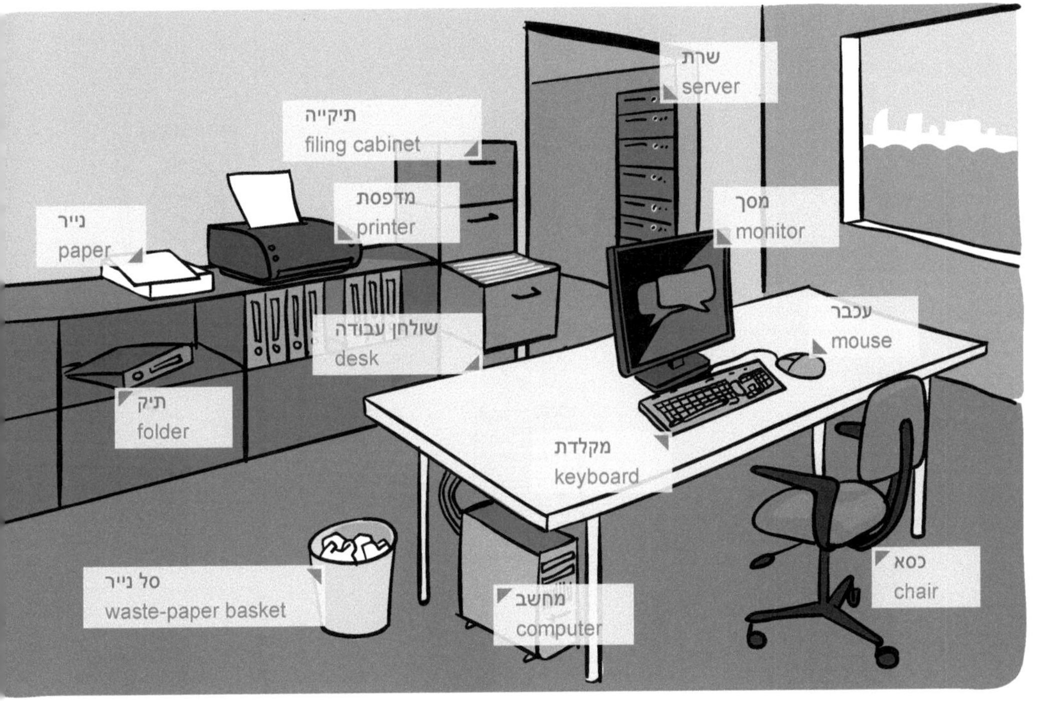

שרת
server

תיקייה
filing cabinet

מדפסת
printer

מסך
monitor

נייר
paper

שולחן עבודה
desk

עכבר
mouse

תיק
folder

מקלדת
keyboard

כסא
chair

סל נייר
waste-paper basket

מחשב
computer

ספל קפה
....
coffee mug

מחשבון
....
calculator

אינטרנט
....
internet

מחשב נייד

laptop

מכתב

letter

הודעה

message

נייד

cell phone

רשת

network

מכונת צילום

photocopier

תוכנה

software

טלפון

telephone

שקע

plug socket

פקס

fax machine

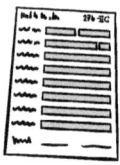

טופס

form

מסמך

document

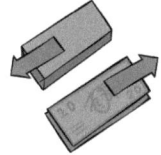

קנה

buy

שילם

pay

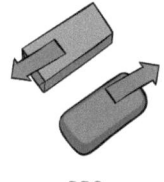

סחר

trade

כסף

money

דולר

dollar

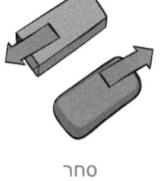

יורו

euro

ין

yen

רובל

rouble

פרנק שווייצרי

Swiss franc

יואן רנמינבי

renminbi yuan

רופי

rupee

כספומט

cash point

המרת מטבע

currency exchange office

זהב

gold

כסף

silver

נפט

oil

אנרגיה

energy

מחיר

price

חוזה

contract

מס

tax

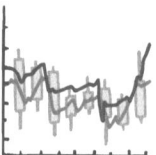

מנייה

stock

עבד

work

עובד

employee

מעסיק

employer

מפעל

factory

חנות

shop

מקצועות
occupations

כבאי
fireman
שוטר
police officer
טבח
cook
רופא
doctor
טייס
pilot

גנן
gardener
נגר
carpenter
תופרת
seamstress

שופט
judge
כימאי
chemist
שחקן
actor

נהג אוטובוס

bus driver

נהג מונית

taxi driver

דייג

fisherman

עובדת נקיון

cleaning lady

מתקן גגות

roofer

מלצר

waiter

צייד

hunter

צייר

painter

אופה

baker

חשמלאי

electrician

עובד בניין

builder

מהנדס

engineer

קצב

butcher

אינסטלטור

plumber

דוור

postman

חייל

soldier

אדריכל

architect

קופאי

cashier

מוכר פרחים

florist

ספר

hairdresser

כרטיסן

conductor

מכונאי

mechanic

קברניט

captain

רופא שיניים

dentist

מדען

scientist

רב

rabbi

אימאם

imam

נזיר

monk

כומר

pastor

כלי עבודה
tools

פטיש
hammer
צבת
pliers
מברג
screwdriver
מפתח ברגים
wrench
פנס
torch

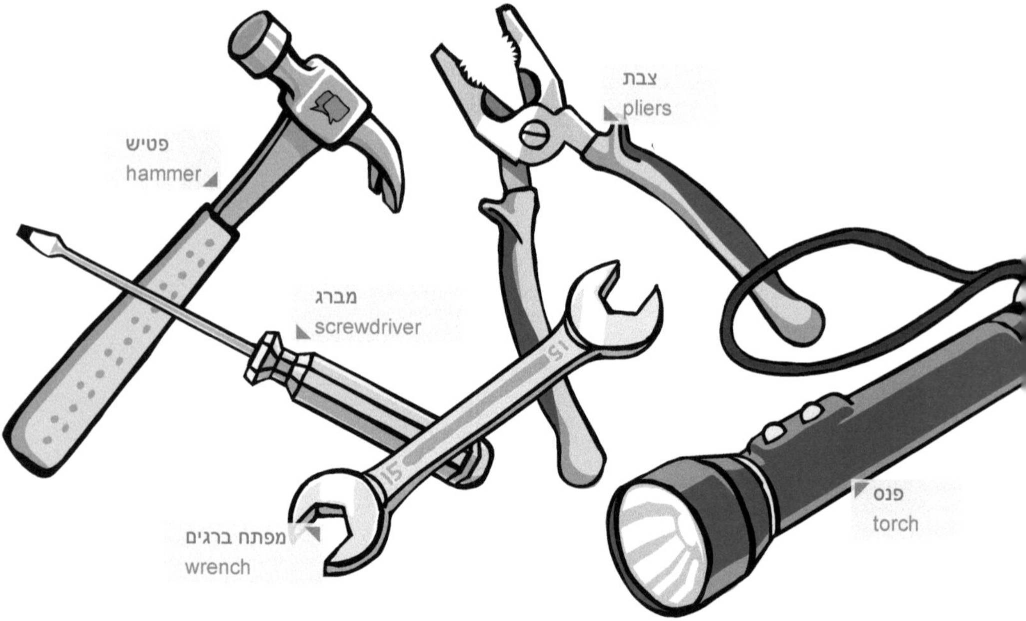

דחפור

excavator

ארגז כלים

toolbox

סולם

ladder

מסור

saw

מסמרים

nails

מקדחה

drill

תיקן

repair

את חפירה

shovel

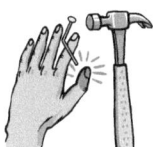

לעזאזל!

Damn!

יעה

dustpan

פח צבע

paint can

ברגים

screws

כלי נגינה

musical instruments

רמקול
loud speaker
מערכת תופים
drum set
גיטרה
guitar
קונטראבס
double bass
חצוצרה
trumpet

פסנתר

piano

כינור

violin

בס

bass

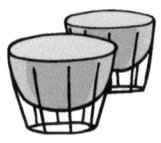

תוף הדוד

timpani

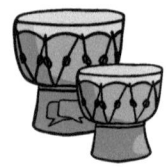

תופים

drums

מקלדת פסנתר

keyboard

סקסופון

saxophone

חליל

flute

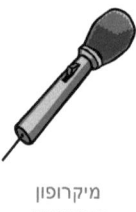

מיקרופון

microphone

גן חיות

zoo

כניסה
entrance
נמר
tiger
כלוב
cage
זברה
zebra
מזון לחיות
animal feed
פנדה
panda

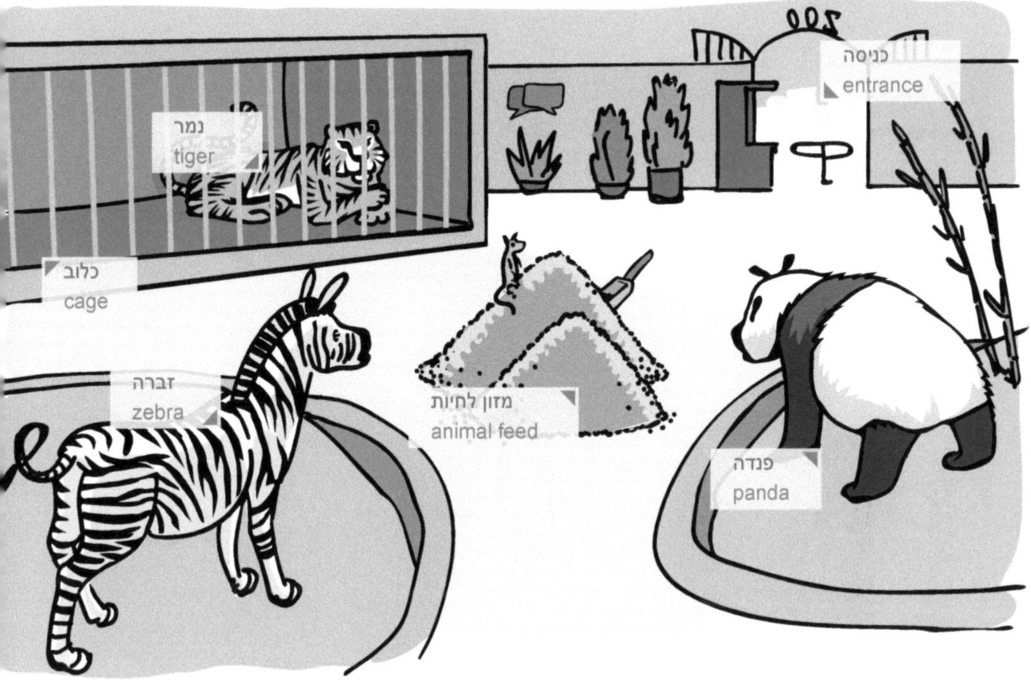

בעלי חיים
animals

פיל
elephant

קנגרו
kangaroo

קרנף
rhino

גורילה
gorilla

דוב
bear

גמל

camel

יען

ostrich

אריה

lion

קוף

monkey

פלמינגו

flamingo

תוכי

parrot

דוב הקרח

polar bear

פינגווין

penguin

כריש

shark

טווס

peacock

נחש

snake

תנין

crocodile

שומר גן החיות

zookeeper

כלב ים

seal

יגואר

jaguar

סוס פוני

pony

לאופרד

leopard

היפופוטאם

hippo

ג'ירפה

giraffe

נשר

eagle

חזיר בר

boar

דג

fish

צב

turtle

סוס ים

walrus

שועל

fox

איילה

gazelle

ספורט

sports

פוטבול אמריקאי
American football
רכיבת אופניים
cycling
טניס
tennis
כדורסל
basketball
שחיה
swimming
הוקי
ice hockey
אגרוף
boxing

כדורגל

soccer

בדמינטון

badminton

אתלטיקה

athletics

כדור-יד

handball

עשה סקי

skiing

פולו

polo

פעילויות
activities

כתב

write

צייר

draw

הראה

show

דחף

push

נתן

give

לקח

take

יש / להיות הבעלים

have

עשה

do

היה

be

עמד

stand

רץ

run

משך

pull

זרק

throw

נפל

fall

שכב

lie

חיכה

wait

סחב

carry

ישב

sit

התלבש

get dressed

ישן

sleep

התעורר

wake up

הסתכל ב-

look at

בכה

cry

ליטף

stroke

סירק

comb

דיבר

talk

הבין

understand

שאל

ask

שמע

listen

שתה

drink

אכל

eat

סידר

tidy up

אהב

love

בישל

cook

נהג

drive

עף

fly

שט

sail

חישב

calculate

קרא

read

למד

learn

עבד

work

התחתן

marry

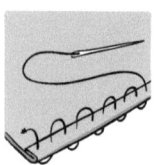

תפר

sew

ציחצח שיניים

brush teeth

הרג

kill

עישן

smoke

שלח

send

משפחה

family

סבתא
grandmother
סבא
grandfather
אבא
father
אימא
mother
תינוק
baby
בת
daughter
בן
son

אורח

guest

דודה

aunt

דוד

uncle

אח

brother

אחות

sister

גוף

body

מצח
forehead
עין
eye
כתף
shoulder
אצבע
finger
פנים
face
סנטר
chin
כף יד
hand
חזה
breast
רגל
leg
זרוע
arm

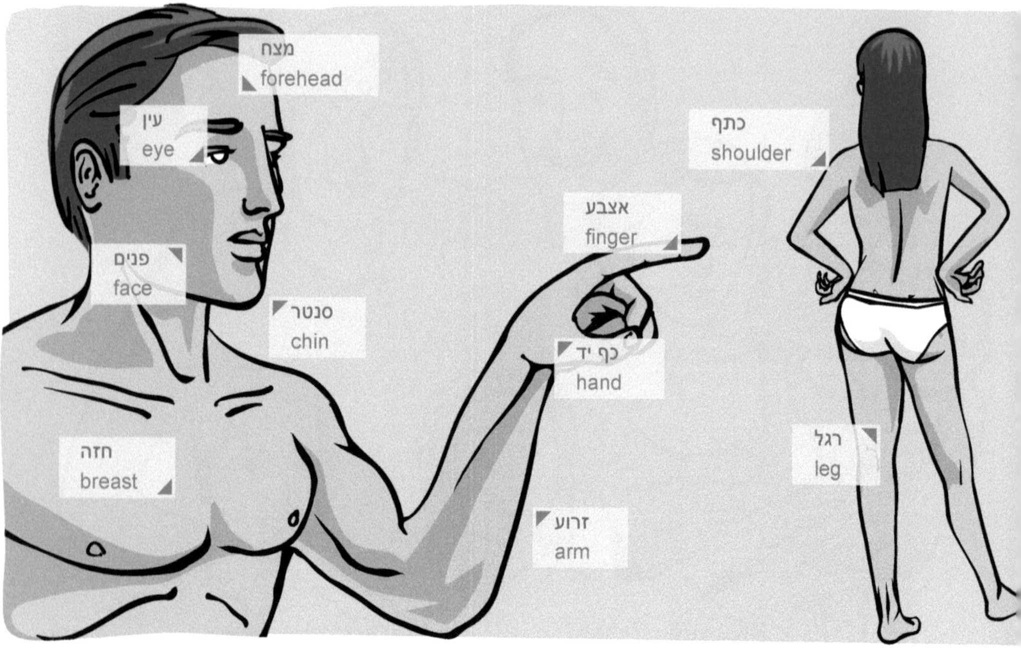

תינוק

baby

איש

man

אישה

woman

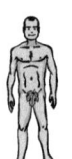

ילדה

girl

ילד

boy

ראש

head

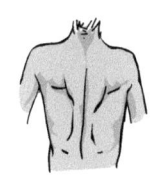

גב

back

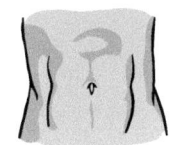

בטן

belly

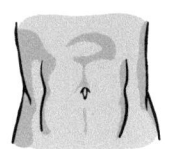

טבור

navel

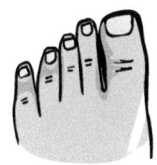

אצבע

toe

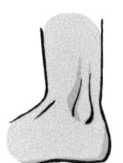

עקב

heel

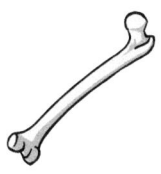

עצם

bone

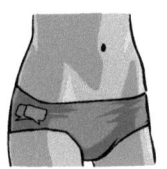

ירך

hip

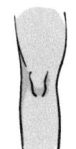

ברך

knee

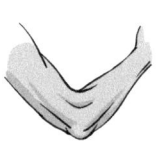

מרפק

elbow

אף

nose

עכוז

buttocks

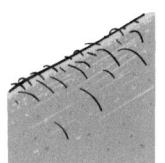

עור

skin

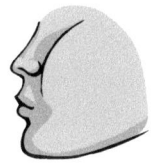

לחי

cheek

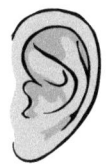

אוזן

ear

שפתיים

lip

פה

mouth

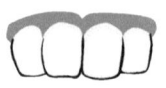

שן

tooth

לשון

tongue

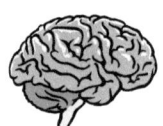

מוח

brain

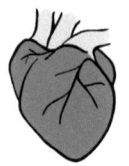

לב

heart

שריר

muscle

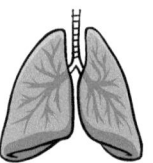

ריאה

lung

כבד

liver

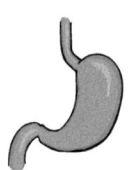

קיבה

stomach

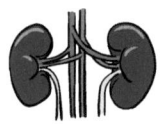

כליות

kidneys

מין

sex

קונדום

condom

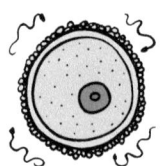

ביצית

ovum

זרע

semen

הריון

pregnancy

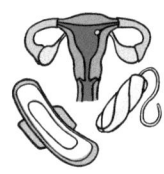

ווסת
menstruation

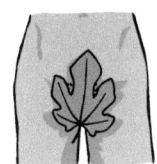

נרתיק
vagina

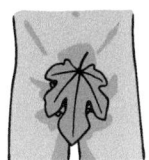

פין
penis

גבה
eyebrow

שיער
hair

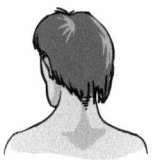

צוואר
neck

בית חולים
hospital

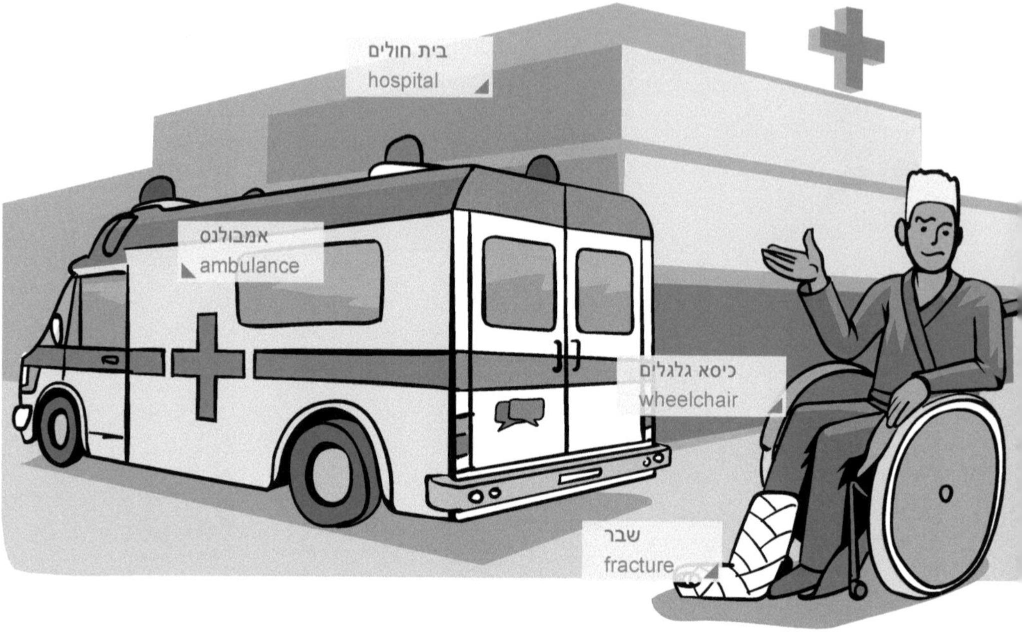

בית חולים
hospital
אמבולנס
ambulance
כיסא גלגלים
wheelchair
שבר
fracture

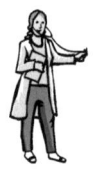

רופא

doctor

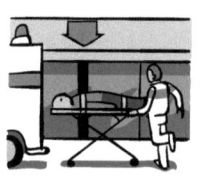

חדר מיון

emergency room

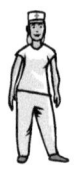

אחות

nurse

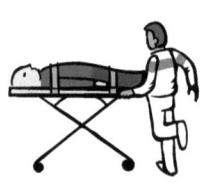

חירום

emergency

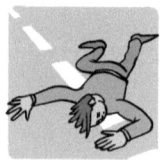

חסר הכרה

unconscious

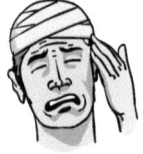

כאב

pain

פציעה

injury

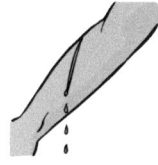

דימום

bleeding

התקף לב

heart attack

שבץ

stroke

אלרגיה

allergy

שיעול

cough

חום

fever

שפעת

flu

שלשול

diarrhea

כאב ראש

headache

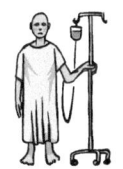

סרטן

cancer

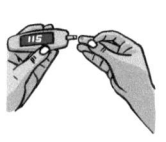

סוכרת

diabetes

מנתח

surgeon

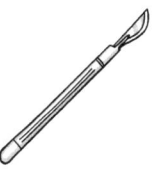

אזמל

scalpel

ניתוח

operation

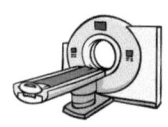

סי-טי

CT

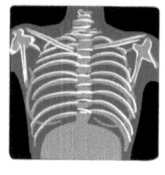

רנטגן

x-ray

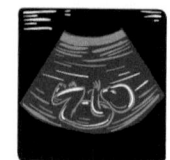

אולטרסאונד

ultrasound

מסיכת פנים

face mask

מחלה

disease

חדר המתנה

waiting room

קבה

crutch

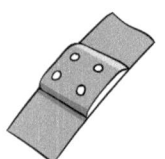

פלסטר

plaster

תחבושת

bandage

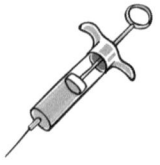

זריקה

injection

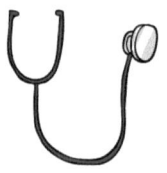

סטטוסקופ

stethoscope

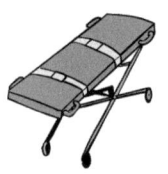

אלונקה

stretcher

מד חום

clinical thermometer

לידה

birth

עודף משקל

overweight

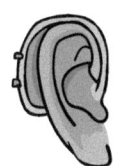

מכשיר שמיעה

hearing aid

מחטא

disinfectant

זיהום

infection

נגיף

virus

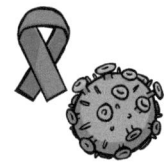

איידס

HIV / AIDS

תרופה

medicine

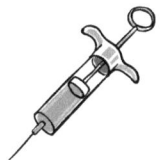

חיסון

vaccination

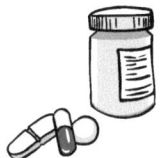

טבליות

tablets

גלולה

pill

קריאת חירום

emergency call

מד לחץ דם

blood pressure monitor

חולה / בריא

ill / healthy

חירום
emergency

הצילו!

Help!

אזעקה

alarm

פשיטה

assault

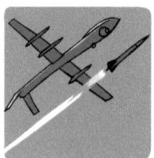

תקיפה

attack

סכנה

danger

יציאת חירום

emergency exit

אש!

Fire!

מטף כיבוי

fire extinguisher

תאונה

accident

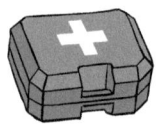

ערכת עזרה ראשונה

first-aid kit

הצילו!

SOS

משטרה

police

כדור הארץ

earth

אירופה

Europe

צפון אמריקה

North America

דרום אמריקה

South America

אפריקה

Africa

אסיה

Asia

אוסטרליה

Australia

האוקיינוס האטלנטי

Atlantic

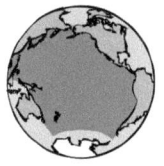

האוקיינוס השקט

Pacific

האוקיינוס ההודי

Indian Ocean

האוקיינוס האנטרקטי

Antarctic Ocean

האוקיינוס הארקטי

Arctic Ocean

הקוטב הצפוני

North pole

הקוטב הדרומי

South pole

אנטארקטיקה

Antarctica

כדור הארץ

earth

אדמה

land

ים

sea

אי

island

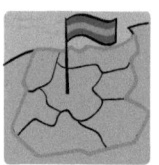

לאום

nation

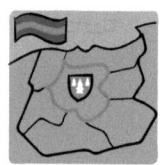

מדינה

state

שעון
clock

פני השעון
....
clock face

מחוג השעות
....
hour hand

מחוג הדקות
....
minute hand

מחוג השניות
....
second hand

מה השעה?
....
What time is it?

יום
....
day

זמן
....
time

עכשיו
....
now

שעון דיגיטלי
....
digital watch

דקה
....
minute

שעה
....
hour

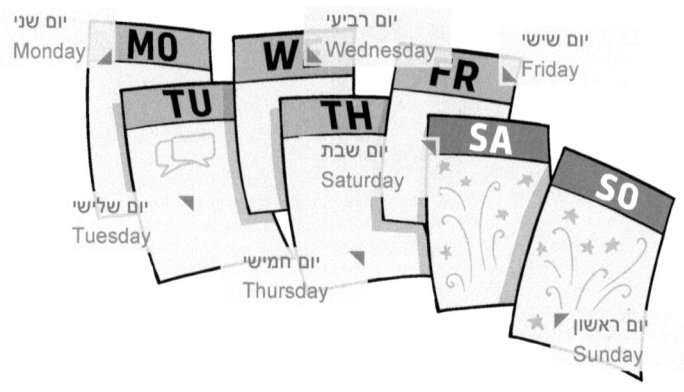

שבוע

week

יום שני
Monday
MO
יום שלישי
Tuesday
TU
W
יום רביעי
Wednesday
TH
יום חמישי
Thursday
FR
יום שישי
Friday
SA
יום שבת
Saturday
יום ראשון
Sunday

TUE
MON

אתמול

yesterday

TUE

היום

today

TUE

מחר

tomorrow

בוקר

morning

צהריים

noon

ערב

evening

ימי עבודה

workdays

סוף שבוע

weekend

שנה
year

גשם
rain
קשת בענן
rainbow
שלג
snow
רוח
wind
אביב
spring
סתיו
fall
קיץ
summer
חורף
winter

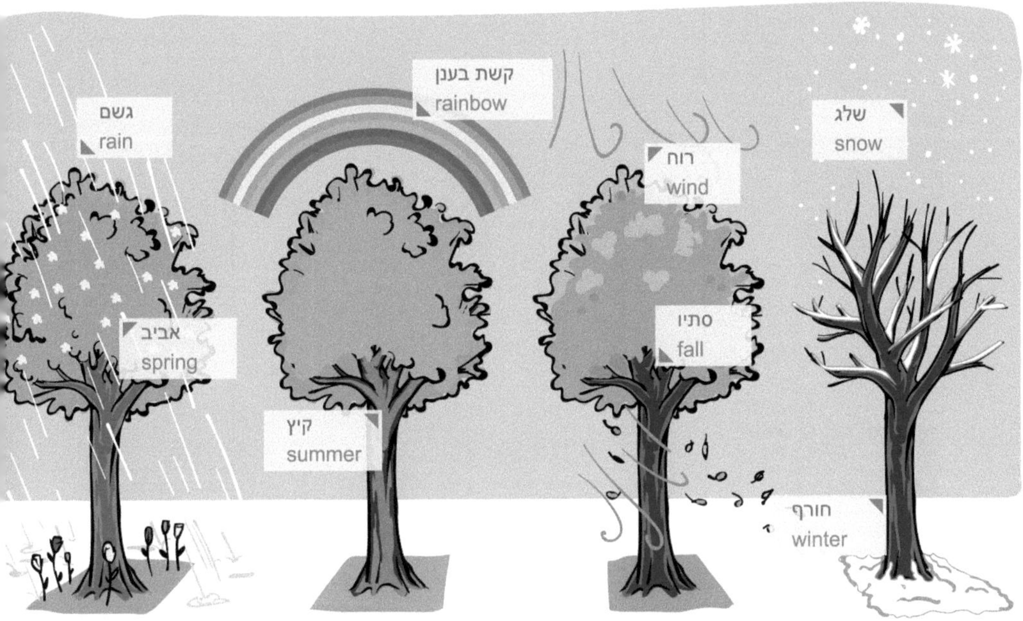

תחזית מזג האוויר

weather forecast

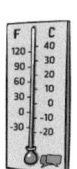

F

מד חום

thermometer

אור שמש

sunshine

ענן

cloud

ערפל

fog

לחות

humidity

ברק

lightning

רעם

thunder

סערה

storm

ברד

hail

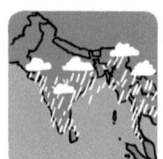

רוח עונתי

monsoon

שיטפון

flood

קרח

ice

ינואר

January

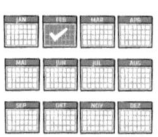

פברואר

February

מרץ

March

אפריל

April

מאי

May

יוני

June

יולי

July

אוגוסט

August

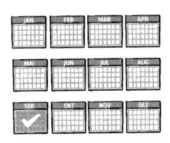

ספטמבר
September

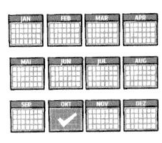

אוקטובר
October

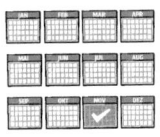

נובמבר
November

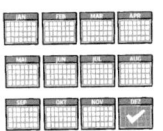

דצמבר
December

צורות

shapes

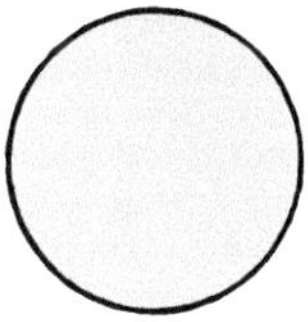

עיגול
circle

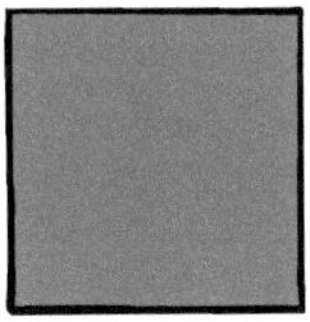

מרובע
square

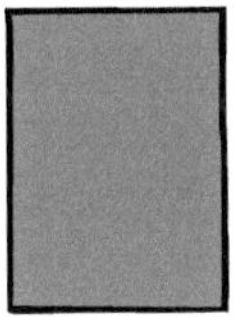

מלבן
rectangle

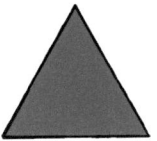

משולש
triangle

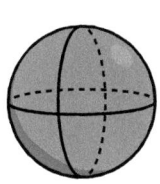

כדור
sphere

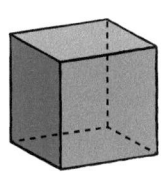

קובייה
cube

צבעים
colors

לבן

white

צהוב

yellow

כתום

orange

ורוד

pink

אדום

red

סגול

purple

כחול

blue

ירוק

green

חום

brown

אפור

gray

שחור

black

הפכים
opposites

הרבה / מעט

a lot / a little

כועס / רגוע

angry / calm

יפה / מכוער

beautiful / ugly

התחלה / סוף

beginning / end

גדול / קטן

big / small

בהיר / כהה

bright / dark

אח / אחות

brother / sister

נקי / מלוכלך

clean / dirty

שלם / חלקי

complete / incomplete

יום /לילה

day / night

מת / חי

dead / alive

רחב / צר

wide / narrow

אכיל / לא אכיל

edible / inedible

רשע / טוב לב

evil / kind

מתרגש / משועמם

excited / bored

שמן / רזה

fat / thin

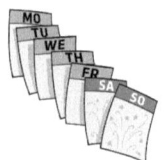

ראשון / אחרון

first / last

חבר / אויב

friend / enemy

מלא / ריק

full / empty

קשה / רך

hard / soft

כבד / קל

heavy / light

רעב / צמא

hunger / thirst

חולה / בריא

ill / healthy

בלתי-חוקי / חוקי

illegal / legal

נבון / טיפש

intelligent / stupid

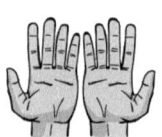

שמאל / ימין

left / right

קרוב / רחוק

near / far

חדש / משומש

new / used

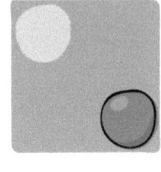

כלום / משהו

nothing / something

זקן / צעיר

old / young

פעיל / כבוי

on / off

פתוח / סגור

open / closed

שקט / רועש

quiet / loud

עשיר / עני

rich / poor

נכון / שגוי

right / wrong

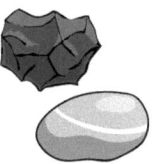

מחוספס / חלק

rough / smooth

עצוב / שמח

sad / happy

קצר / ארוך

short / long

איטי / מהיר

slow / fast

רטוב / יבש

wet / dry

חם / קר

warm / cool

מלחמה / שלום

war / peace

מספרים
numbers

0	1	2
אפס	אחת	שתיים
zero	one	two
3	4	5
שלוש	ארבע	חמש
three	four	five
6	7	8
שש	שבע	שמונה
six	seven	eight
9	10	11
תשע	עשר	אחת-עשרה
nine	ten	eleven

12

שתים-עשרה
twelve

13

שלוש-עשרה
thirteen

14

ארבע-עשרה
fourteen

15

חמש-עשרה
fifteen

16

שש-עשרה
sixteen

17

שבע-עשרה
seventeen

18

שמונה-עשרה
eighteen

19

תשע-עשרה
nineteen

20

עשרים
twenty

100

מאה
hundred

1.000

אלף
thousand

1.000.000

מיליון
million

שפות
languages

אנגלית

English

אנגלית אמריקאית

American English

סינית מנדרינית

Chinese Mandarin

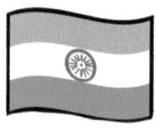

הודית

Hindi

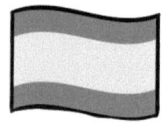

ספרדית

Spanish

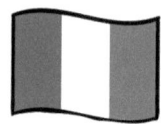

צרפתית

French

ערבית

Arabic

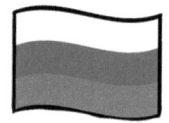

רוסית

Russian

פורטוגזית

Portuguese

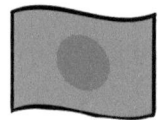

בנגלית

Bengali

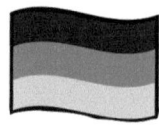

גרמנית

German

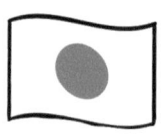

יפנית

Japanese

מי / מה / איך

who / what / how

אני

I

אתה / את

you

הוא / היא / זה

he / she / it

אנחנו

we

אתם

you

הם

they

מי?

who?

מה?

what?

איך?

how?

איפה?

where?

מתי?

when?

שם

name

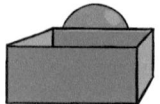

איפה

where

מאחור

behind

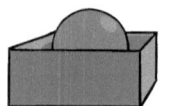

בתוך

in

לפני

in front of

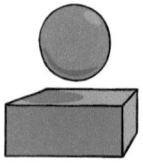

מעל

over

על

on

מתחת

under

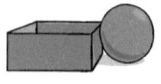

ליד

beside

בין

between

מקום

place